ENNA. CAJA DE DATOS © Enna 2007

Proceso:		# de Operadores
Verbo/nombre:	T0111905	

Tiempo de Espera del Operador: OCT	
Tiempo de Espera de la Máquina: MCT	
Tiempo que Agrega Valor: VAT	
Tiempo de Cambio de Producto: C/O	
Calidad: (% de Defectos/Desperdicio)	
Productividad: (Unidades/Persona/Hora)	
Espacio Total: (Metros)	
Espacio que Agrega Valor: (Metros)	
Desplazamiento del Producto: (Metros)	
Flujo del Producto: (Empujar/Jalar)	Empujar Jalar
Flujo de la Información: (Manual/Electrónico)	Manual Elec.
Turnos: (Tiempo Neto Disponible (Segundos))	Neto Disponible:
Inventario: INV Antes:	Después:

A **Productivity Press** Product

www.enna.com
www.productivitypress.com

ENNA. CAJA DE DATOS

Proceso:		# de Operadores
Verbo/nombre:		

Tiempo de Espera del Operador: OCT	
Tiempo de Espera de la Máquina: MCT	
Tiempo que Agrega Valor: VAT	
Tiempo de Cambio de Producto: C/O	
Calidad: (% de Defectos/Desperdicio)	
Productividad: (Unidades/Persona/Hora)	
Espacio Total: (Metros)	
Espacio que Agrega Valor: (Metros)	
Desplazamiento del Producto: (Metros)	
Flujo del Producto: (Empujar/Jalar)	Empujar Jalar
Flujo de la Información: (Manual/Electrónico)	Manual Elec.
Turnos: (Tiempo Neto Disponible (Segundos))	Neto Disponible:
Inventario: INV Antes:	Después:

A **Productivity Press** Product

ENNA. CAJA DE DATOS

© Enna 2007

Proceso:	**# de Operadores**
Verbo/nombre:	

Tiempo de Espera del Operador: OCT	
Tiempo de Espera de la Máquina: MCT	
Tiempo que Agrega Valor: VAT	
Tiempo de Cambio de Producto: C/O	
Calidad: (% de Defectos/Desperdicio)	
Productividad: (Unidades/Persona/Hora)	
Espacio Total: (Metros)	
Espacio que Agrega Valor: (Metros)	
Desplazamiento del Producto: (Metros)	
Flujo del Producto: (Empujar/Jalar)	Empujar Jalar
Flujo de la Información: (Manual/Electrónico)	Manual Elec.
Turnos: (Tiempo Neto Disponible (Segundos))	Neto Disponible:
Inventario: INV Antes:	Después:

A **Productivity Press** Product

ENNA. CAJA DE DATOS

© Enna 2007

Proceso:		# de Operadores
Verbo/nombre:		

Tiempo de Espera del Operador: OCT	
Tiempo de Espera de la Máquina: MCT	
Tiempo que Agrega Valor: VAT	
Tiempo de Cambio de Producto: C/O	
Calidad: (% de Defectos/Desperdicio)	
Productividad: (Unidades/Persona/Hora)	
Espacio Total: (Metros)	
Espacio que Agrega Valor: (Metros)	
Desplazamiento del Producto: (Metros)	

Flujo del Producto: (Empujar/Jalar)	Empujar	Jalar
Flujo de la Información: (Manual/Electrónico)	Manual	Elec.
Turnos: (Tiempo Neto Disponible (Segundos))	Neto Disponible:	
Inventario: INV Antes:	Después:	

ENNA. CAJA DE DATOS

© Enna 2007

Proceso:	**# de Operadores**
Verbo/nombre:	

Tiempo de Espera del Operador: OCT	
Tiempo de Espera de la Máquina: MCT	
Tiempo que Agrega Valor: VAT	
Tiempo de Cambio de Producto: C/O	
Calidad: (% de Defectos/Desperdicio)	
Productividad: (Unidades/Persona/Hora)	
Espacio Total: (Metros)	
Espacio que Agrega Valor: (Metros)	
Desplazamiento del Producto: (Metros)	
Flujo del Producto: (Empujar/Jalar)	Empujar Jalar
Flujo de la Información: (Manual/Electrónico)	Manual Elec.
Turnos: (Tiempo Neto Disponible (Segundos))	Neto Disponible:
Inventario: INV Antes:	Después:

A **Productivity Press** Product

ENNA. CAJA DE DATOS

© Enna 2007

Proceso:	**# de Operadores**
Verbo/nombre:	

Tiempo de Espera del Operador: OCT	
Tiempo de Espera de la Máquina: MCT	
Tiempo que Agrega Valor: VAT	
Tiempo de Cambio de Producto: C/O	
Calidad: (% de Defectos/Desperdicio)	
Productividad: (Unidades/Persona/Hora)	
Espacio Total: (Metros)	
Espacio que Agrega Valor: (Metros)	
Desplazamiento del Producto: (Metros)	
Flujo del Producto: (Empujar/Jalar)	Empujar Jalar
Flujo de la Información: (Manual/Electrónico)	Manual Elec.
Turnos: (Tiempo Neto Disponible (Segundos))	Neto Disponible:
Inventario: INV Antes:	Después:

A **Productivity Press** Product

www.enna.com
www.productivitypress.com

ENNA. CAJA DE DATOS
© Enna 2007

Proceso:		# de Operadores
Verbo/nombre:		

Tiempo de Espera del Operador: OCT	
Tiempo de Espera de la Máquina: MCT	
Tiempo que Agrega Valor: VAT	
Tiempo de Cambio de Producto: C/O	
Calidad: (% de Defectos/Desperdicio)	
Productividad: (Unidades/Persona/Hora)	
Espacio Total: (Metros)	
Espacio que Agrega Valor: (Metros)	
Desplazamiento del Producto: (Metros)	
Flujo del Producto: (Empujar/Jalar)	Empujar Jalar
Flujo de la Información: (Manual/Electrónico)	Manual Elec.
Turnos: (Tiempo Neto Disponible (Segundos))	Neto Disponible:
Inventario: INV Antes:	Después:

ENNA. CAJA DE DATOS

© Enna 2007

Proceso:	# de Operadores
Verbo/nombre:	

Tiempo de Espera del Operador: OCT	
Tiempo de Espera de la Máquina: MCT	
Tiempo que Agrega Valor: VAT	
Tiempo de Cambio de Producto: C/O	
Calidad: (% de Defectos/Desperdicio)	
Productividad: (Unidades/Persona/Hora)	
Espacio Total: (Metros)	
Espacio que Agrega Valor: (Metros)	
Desplazamiento del Producto: (Metros)	
Flujo del Producto: (Empujar/Jalar)	Empujar Jalar
Flujo de la Información: (Manual/Electrónico)	Manual Elec.
Turnos: (Tiempo Neto Disponible (Segundos))	Neto Disponible:
Inventario: INV Antes:	Después:

A **Productivity Press** Product

www.enna.com
www.productivitypress.com

ENNA. CAJA DE DATOS

© Enna 2007

Proceso:		# de Operadores
Verbo/nombre:		

Tiempo de Espera del Operador: OCT	
Tiempo de Espera de la Máquina: MCT	
Tiempo que Agrega Valor: VAT	
Tiempo de Cambio de Producto: C/O	
Calidad: (% de Defectos/Desperdicio)	
Productividad: (Unidades/Persona/Hora)	
Espacio Total: (Metros)	
Espacio que Agrega Valor: (Metros)	
Desplazamiento del Producto: (Metros)	
Flujo del Producto: (Empujar/Jalar)	Empujar Jalar
Flujo de la Información: (Manual/Electrónico)	Manual Elec.
Turnos: (Tiempo Neto Disponible (Segundos))	Neto Disponible:
Inventario: INV Antes:	Después:

A **Productivity Press** Product

www.enna.com
www.productivitypress.com

ENNA. CAJA DE DATOS © Enna 2007

Proceso:		# de Operadores
Verbo/nombre:		

Tiempo de Espera del Operador: OCT	
Tiempo de Espera de la Máquina: MCT	
Tiempo que Agrega Valor: VAT	
Tiempo de Cambio de Producto: C/O	
Calidad: (% de Defectos/Desperdicio)	
Productividad: (Unidades/Persona/Hora)	
Espacio Total: (Metros)	
Espacio que Agrega Valor: (Metros)	
Desplazamiento del Producto: (Metros)	
Flujo del Producto: (Empujar/Jalar)	Empujar Jalar
Flujo de la Información: (Manual/Electrónico)	Manual Elec.
Turnos: (Tiempo Neto Disponible (Segundos))	Neto Disponible:
Inventario: INV Antes:	Después:

A **Productivity Press** Product

www.enna.com
www.productivitypress.com

ENNA. CAJA DE DATOS

© Enna 2007

Proceso:		# de Operadores
Verbo/nombre:		

Tiempo de Espera del Operador: OCT	
Tiempo de Espera de la Máquina: MCT	
Tiempo que Agrega Valor: VAT	
Tiempo de Cambio de Producto: C/O	
Calidad: (% de Defectos/Desperdicio)	
Productividad: (Unidades/Persona/Hora)	
Espacio Total: (Metros)	
Espacio que Agrega Valor: (Metros)	
Desplazamiento del Producto: (Metros)	
Flujo del Producto: (Empujar/Jalar)	Empujar Jalar
Flujo de la Información: (Manual/Electrónico)	Manual Elec.
Turnos: (Tiempo Neto Disponible (Segundos))	Neto Disponible:
Inventario: INV Antes:	Después:

ENNA. CAJA DE DATOS © Enna 2007

Proceso:		# de Operadores
Verbo/nombre:		

Tiempo de Espera del Operador: OCT	
Tiempo de Espera de la Máquina: MCT	
Tiempo que Agrega Valor: VAT	
Tiempo de Cambio de Producto: C/O	
Calidad: (% de Defectos/Desperdicio)	
Productividad: (Unidades/Persona/Hora)	
Espacio Total: (Metros)	
Espacio que Agrega Valor: (Metros)	
Desplazamiento del Producto: (Metros)	
Flujo del Producto: (Empujar/Jalar)	Empujar Jalar
Flujo de la Información: (Manual/Electrónico)	Manual Elec.
Turnos: (Tiempo Neto Disponible (Segundos))	Neto Disponible:
Inventario: INV Antes:	Después:

A **Productivity Press** Product

www.enna.com
www.productivitypress.com

CATALOG DATO

ENNA CAJA DE DATOS © Enna 2007

Proceso:		# de Operadores
Verbo/nombre:		

Tiempo de Espera del Operador: OCT	
Tiempo de Espera de la Máquina: MCT	
Tiempo que Agrega Valor: VAT	
Tiempo de Cambio de Producto: C/O	
Calidad: (% de Defectos/Desperdicio)	
Productividad: (Unidades/Persona/Hora)	
Espacio Total: (Metros)	
Espacio que Agrega Valor: (Metros)	
Desplazamiento del Producto: (Metros)	
Flujo del Producto: (Empujar/Jalar)	Empujar Jalar
Flujo de la Información: (Manual/Electrónico)	Manual Elec.
Turnos: (Tiempo Neto Disponible (Segundos))	Neto Disponible:
Inventario: INV Antes:	Después:

A **Productivity Press** Product

www.enna.com
www.productivitypress.com

ENNA. CAJA DE DATOS © Enna 2007

Proceso:		# de Operadores
Verbo/nombre:		

Tiempo de Espera del Operador: OCT	
Tiempo de Espera de la Máquina: MCT	
Tiempo que Agrega Valor: VAT	
Tiempo de Cambio de Producto: C/O	
Calidad: (% de Defectos/Desperdicio)	
Productividad: (Unidades/Persona/Hora)	
Espacio Total: (Metros)	
Espacio que Agrega Valor: (Metros)	
Desplazamiento del Producto: (Metros)	
Flujo del Producto: (Empujar/Jalar)	Empujar Jalar
Flujo de la Información: (Manual/Electrónico)	Manual Elec.
Turnos: (Tiempo Neto Disponible (Segundos))	Neto Disponible:
Inventario: INV Antes:	Después:

CAJA DE DATOS

ENNA. CAJA DE DATOS © Enna 2007

Proceso:		# de Operadores
Verbo/nombre:		

Tiempo de Espera del Operador: OCT	
Tiempo de Espera de la Máquina: MCT	
Tiempo que Agrega Valor: VAT	
Tiempo de Cambio de Producto: C/O	
Calidad: (% de Defectos/Desperdicio)	
Productividad: (Unidades/Persona/Hora)	
Espacio Total: (Metros)	
Espacio que Agrega Valor: (Metros)	
Desplazamiento del Producto: (Metros)	
Flujo del Producto: (Empujar/Jalar)	Empujar	Jalar
Flujo de la Información: (Manual/Electrónico)	Manual	Elec.
Turnos: (Tiempo Neto Disponible (Segundos))	Neto Disponible:
Inventario: INV Antes:	Después:

ENNA. CAJA DE DATOS

© Enna 2007

Proceso:		# de Operadores
Verbo/nombre:		

Tiempo de Espera del Operador: OCT	
Tiempo de Espera de la Máquina: MCT	
Tiempo que Agrega Valor: VAT	
Tiempo de Cambio de Producto: C/O	
Calidad: (% de Defectos/Desperdicio)	
Productividad: (Unidades/Persona/Hora)	
Espacio Total: (Metros)	
Espacio que Agrega Valor: (Metros)	
Desplazamiento del Producto: (Metros)	
Flujo del Producto: (Empujar/Jalar)	Empujar Jalar
Flujo de la Información: (Manual/Electrónico)	Manual Elec.
Turnos: (Tiempo Neto Disponible (Segundos))	Neto Disponible:
Inventario: INV Antes:	Después:

www.enna.com
www.productivitypress.com

ENNA. CAJA DE DATOS © Enna 2007

Proceso:	# de Operadores
Verbo/nombre:	

Tiempo de Espera del Operador: OCT	
Tiempo de Espera de la Maquina: MCT	
Tiempo que Agrega Valor: VAT	
Tiempo de Cambio de Producto: C/O	
Calidad: (% de Defectos/Desperdicio)	
Productividad: (Unidades/Persona/Hora)	
Espacio Total: (Metros)	
Espacio que Agrega Valor: (Metros)	
Desplazamiento del Producto: (Metros)	
Flujo del Producto: (Empujar/Jalar)	Empujar Jalar
Flujo de la Información: (Manual/Electrónico)	Manual Elec.
Turnos: (Tiempo Neto Disponible (Segundos))	Neto Disponible:
Inventario: INV Antes:	Después:

ENNA. CAJA DE DATOS

© Enna 2007

Proceso:		# de Operadores
Verbo/nombre:		

Tiempo de Espera del Operador: OCT	
Tiempo de Espera de la Máquina; MCT	
Tiempo que Agrega Valor: VAT	
Tiempo de Cambio de Producto: C/O	
Calidad: (% de Defectos/Desperdicio)	
Productividad: (Unidades/Persona/Hora)	
Espacio Total: (Metros)	
Espacio que Agrega Valor: (Metros)	
Desplazamiento del Producto: (Metros)	
Flujo del Producto: (Empujar/Jalar)	Empujar Jalar
Flujo de la Información: (Manual/Electrónico)	Manual Elec.
Turnos: (Tiempo Neto Disponible (Segundos))	Neto Disponible:
Inventario: INV Antes:	Después:

A **Productivity Press** Product

www.enna.com
www.productivitypress.com

ENNA. CAJA DE DATOS © Enna 2007

Proceso:		# de Operadores
Verbo/nombre:		

Tiempo de Espera del Operador: OCT	
Tiempo de Espera de la Máquina: MCT	
Tiempo que Agrega Valor: VAT	
Tiempo de Cambio de Producto: C/O	
Calidad: (% de Defectos/Desperdicio)	
Productividad: (Unidades/Persona/Hora)	
Espacio Total: (Metros)	
Espacio que Agrega Valor: (Metros)	
Desplazamiento del Producto: (Metros)	

Flujo del Producto: (Empujar/Jalar)	Empujar	Jalar
Flujo de la Información: (Manual/Electrónico)	Manual	Elec.
Turnos: (Tiempo Neto Disponible (Segundos))	Neto Disponible:	
Inventario: INV Antes:	Después:	

ENNA. CAJA DE DATOS

© Enna 2007

Proceso:		# de Operadores
Verbo/nombre:		

Tiempo de Espera del Operador: OCT	
Tiempo de Espera de la Máquina: MCT	
Tiempo que Agrega Valor: VAT	
Tiempo de Cambio de Producto: C/O	
Calidad: (% de Defectos/Desperdicio)	
Productividad: (Unidades/Persona/Hora)	
Espacio Total: (Metros)	
Espacio que Agrega Valor: (Metros)	
Desplazamiento del Producto: (Metros)	
Flujo del Producto: (Empujar/Jalar)	Empujar Jalar
Flujo de la Información: (Manual/Electrónico)	Manual Elec.
Turnos: (Tiempo Neto Disponible (Segundos))	Neto Disponible:
Inventario: INV Antes:	Después:

ENNA CAJA DE DATOS

© Enna 2007

Proceso:		# de Operadores
Verbo/nombre:		

Tiempo de Espera del Operador: OCT	
Tiempo de Espera de la Máquina: MCT	
Tiempo que Agrega Valor: VAT	
Tiempo de Cambio de Producto: C/O	
Calidad: (% de Defectos/Desperdicio)	
Productividad: (Unidades/Persona/Hora)	
Espacio Total: (Metros)	
Espacio que Agrega Valor: (Metros)	
Desplazamiento del Producto: (Metros)	
Flujo del Producto: (Empujar/Jalar)	Empujar Jalar
Flujo de la Información: (Manual/Electrónico)	Manual Elec.
Turnos: (Tiempo Neto Disponible (Segundos))	Neto Disponible:
Inventario: INV Antes:	Después:

ENNA. CAJA DE DATOS

© Enna 2007

Proceso:		# de Operadores
Verbo/nombre:		

Tiempo de Espera del Operador: OCT	
Tiempo de Espera de la Máquina: MCT	
Tiempo que Agrega Valor: VAT	
Tiempo de Cambio de Producto: C/O	
Calidad: (% de Defectos/Desperdicio)	
Productividad: (Unidades/Persona/Hora)	
Espacio Total: (Metros)	
Espacio que Agrega Valor: (Metros)	
Desplazamiento del Producto: (Metros)	
Flujo del Producto: (Empujar/Jalar)	Empujar Jalar
Flujo de la Información: (Manual/Electrónico)	Manual Elec.
Turnos: (Tiempo Neto Disponible (Segundos))	Neto Disponible:
Inventario: INV Antes:	Después:

A **Productivity Press** Product

www.enna.com
www.productivitypress.com

ENNA. CAJA DE DATOS

© Enna 2007

Proceso:		# de Operadores
Verbo/nombre:		

Tiempo de Espera del Operador: OCT	
Tiempo de Espera de la Máquina: MCT	
Tiempo que Agrega Valor: VAT	
Tiempo de Cambio de Producto: C/O	
Calidad: (% de Defectos/Desperdicio)	
Productividad: (Unidades/Persona/Hora)	
Espacio Total: (Metros)	
Espacio que Agrega Valor: (Metros)	
Desplazamiento del Producto: (Metros)	
Flujo del Producto: (Empujar/Jalar)	Empujar Jalar
Flujo de la Información: (Manual/Electrónico)	Manual Elec.
Turnos: (Tiempo Neto Disponible (Segundos))	Neto Disponible:
Inventario: INV Antes:	Después:

ENNA. CAJA DE DATOS

© Enna 2007

Proceso:	**# de Operadores**
Verbo/nombre:	⌣

Tiempo de Espera del Operador: OCT	
Tiempo de Espera de la Máquina: MCT	
Tiempo que Agrega Valor: VAT	
Tiempo de Cambio de Producto: C/O	
Calidad: (% de Defectos/Desperdicio)	
Productividad: (Unidades/Persona/Hora)	
Espacio Total: (Metros)	
Espacio que Agrega Valor: (Metros)	
Desplazamiento del Producto: (Metros)	
Flujo del Producto: (Empujar/Jalar)	Empujar Jalar
Flujo de la Información: (Manual/Electrónico)	Manual Elec.
Turnos: (Tiempo Neto Disponible (Segundos))	Neto Disponible:
Inventario: INV Antes:	Después:

A **Productivity Press** Product

www.enna.com
www.productivitypress.com

ENNA. CAJA DE DATOS © Enna 2007

Proceso:		# de Operadores
Verbo/nombre:		

Tiempo de Espera del Operador: OCT	
Tiempo de Espera de la Máquina: MCT	
Tiempo que Agrega Valor: VAT	
Tiempo de Cambio de Producto: C/O	
Calidad: (% de Defectos/Desperdicio)	
Productividad: (Unidades/Persona/Hora)	
Espacio Total: (Metros)	
Espacio que Agrega Valor: (Metros)	
Desplazamiento del Producto: (Metros)	

Flujo del Producto: (Empujar/Jalar)	Empujar	Jalar
Flujo de la Información: (Manual/Electrónico)	Manual	Elec.
Turnos: (Tiempo Neto Disponible (Segundos))	Neto Disponible:	
Inventario: INV Antes:	Después:	

ENNA. CAJA DE DATOS

© Enna 2007

Proceso:		# de Operadores
Verbo/nombre:		

Tiempo de Espera del Operador: OCT	
Tiempo de Espera de la Máquina: MCT	
Tiempo que Agrega Valor: VAT	
Tiempo de Cambio de Producto: C/O	
Calidad: (% de Defectos/Desperdicio)	
Productividad: (Unidades/Persona/Hora)	
Espacio Total: (Metros)	
Espacio que Agrega Valor: (Metros)	
Desplazamiento del Producto: (Metros)	
Flujo del Producto: (Empujar/Jalar)	Empujar Jalar
Flujo de la Información: (Manual/Electrónico)	Manual Elec.
Turnos: (Tiempo Neto Disponible (Segundos))	Neto Disponible:
Inventario: INV Antes:	Después:

A **Productivity Press** Product

www.enna.com
www.productivitypress.com

ENNA. CAJA DE DATOS © Enna 2007

Proceso:		# de Operadores
Verbo/nombre:		

Tiempo de Espera del Operador: OCT	
Tiempo de Espera de la Máquina: MCT	
Tiempo que Agrega Valor: VAT	
Tiempo de Cambio de Producto: C/O	
Calidad: (% de Defectos/Desperdicio)	
Productividad: (Unidades/Persona/Hora)	
Espacio Total: (Metros)	
Espacio que Agrega Valor: (Metros)	
Desplazamiento del Producto: (Metros)	
Flujo del Producto: (Empujar/Jalar)	Empujar Jalar
Flujo de la Información: (Manual/Electrónico)	Manual Elec.
Turnos: (Tiempo Neto Disponible (Segundos))	Neto Disponible:
Inventario: INV Antes:	Después:

ENNA. CAJA DE DATOS © Enna 2007

Proceso:		# de Operadores
Verbo/nombre:		

Tiempo de Espera del Operador: OCT	
Tiempo de Espera de la Máquina: MCT	
Tiempo que Agrega Valor: VAI	
Tiempo de Cambio de Producto: C/O	
Calidad: (% de Defectos/Desperdicio)	
Productividad: (Unidades/Persona/Hora)	
Espacio Total: (Metros)	
Espacio que Agrega Valor: (Metros)	
Desplazamiento del Producto: (Metros)	
Flujo del Producto: (Empujar/Jalar)	Empujar Jalar
Flujo de la Información: (Manual/Electrónico)	Manual Elec.
Turnos: (Tiempo Neto Disponible (Segundos))	Neto Disponible:
Inventario: INV Antes:	Después:

ENNA. CAJA DE DATOS

© Enna 2007

Proceso:		# de Operadores
Verbo/nombre:		

Tiempo de Espera del Operador: OCT	
Tiempo de Espera de la Máquina: MCT	
Tiempo que Agrega Valor: VAT	
Tiempo de Cambio de Producto: C/O	
Calidad: (% de Defectos/Desperdicio)	
Productividad: (Unidades/Persona/Hora)	
Espacio Total: (Metros)	
Espacio que Agrega Valor: (Metros)	
Desplazamiento del Producto: (Metros)	
Flujo del Producto: (Empujar/Jalar)	Empujar Jalar
Flujo de la Información: (Manual/Electrónico)	Manual Elec.
Turnos: (Tiempo Neto Disponible (Segundos))	Neto Disponible:
Inventario: INV Antes:	Después:

ENNA. CAJA DE DATOS © Enna 2007

Proceso:		# de Operadores
Verbo/nombre:		

Tiempo de Espera del Operador: OCT	
Tiempo de Espera de la Máquina: MCT	
Tiempo que Agrega Valor: VAT	
Tiempo de Cambio de Producto: C/O	
Calidad: (% de Defectos/Desperdicio)	
Productividad: (Unidades/Persona/Hora)	
Espacio Total: (Metros)	
Espacio que Agrega Valor: (Metros)	
Desplazamiento del Producto: (Metros)	
Flujo del Producto: (Empujar/Jalar)	Empujar Jalar
Flujo de la Información: (Manual/Electrónico)	Manual Elec.
Turnos: (Tiempo Neto Disponible (Segundos))	Neto Disponible:
Inventario: INV Antes:	Después:

ENNA. CAJA DE DATOS © Enna 2007

Proceso:		# de Operadores
Verbo/nombre:		

Tiempo de Espera del Operador: OCT	
Tiempo de Espera de la Máquina: MCT	
Tiempo que Agrega Valor: VAT	
Tiempo de Cambio de Producto: C/O	
Calidad: (% de Defectos/Desperdicio)	
Productividad: (Unidades/Persona/Hora)	
Espacio Total: (Metros)	
Espacio que Agrega Valor: (Metros)	
Desplazamiento del Producto: (Metros)	

Flujo del Producto: (Empujar/Jalar)	Empujar	Jalar
Flujo de la Información: (Manual/Electrónico)	Manual	Elec.
Turnos: (Tiempo Neto Disponible (Segundos))	Neto Disponible:	
Inventario: INV Antes:	Después:	

ENNA. CAJA DE DATOS

© Enna 2007

Proceso:		# de Operadores
Verbo/nombre:		◯

Tiempo de Espera del Operador: OCT	
Tiempo de Espera de la Máquina: MCT	
Tiempo que Agrega Valor: VAT	
Tiempo de Cambio de Producto: C/O	
Calidad: (% de Defectos/Desperdicio)	
Productividad: (Unidades/Persona/Hora)	
Espacio Total: (Metros)	
Espacio que Agrega Valor: (Metros)	
Desplazamiento del Producto: (Metros)	
Flujo del Producto: (Empujar/Jalar)	Empujar Jalar
Flujo de la Información: (Manual/Electrónico)	Manual Elec.
Turnos: (Tiempo Neto Disponible (Segundos))	Neto Disponible:
Inventario: INV Antes:	Después:

www.enna.com
www.productivitypress.com

ENNA. CAJA DE DATOS © Enna 2007

Proceso:		# de Operadores
Verbo/nombre:		

Tiempo de Espera del Operador: OCT	
Tiempo de Espera de la Máquina: MCT	
Tiempo que Agrega Valor: VAI	
Tiempo de Cambio de Producto: C/O	
Calidad: (% de Defectos/Desperdicio)	
Productividad: (Unidades/Persona/Hora)	
Espacio Total: (Metros)	
Espacio que Agrega Valor: (Metros)	
Desplazamiento del Producto: (Metros)	
Flujo del Producto: (Empujar/Jalar)	Empujar Jalar
Flujo de la Información: (Manual/Electrónico)	Manual Elec.
Turnos: (Tiempo Neto Disponible (Segundos))	Neto Disponible:
Inventario: INV Antes:	Después:

ENNA. CAJA DE DATOS

© Enna 2007

Proceso:		# de Operadores
Verbo/nombre:		

Tiempo de Espera del Operador: OCT	
Tiempo de Espera de la Máquina: MCT	
Tiempo que Agrega Valor: VAT	
Tiempo de Cambio de Producto: C/O	
Calidad: (% de Defectos/Desperdicio)	
Productividad: (Unidades/Persona/Hora)	
Espacio Total: (Metros)	
Espacio que Agrega Valor: (Metros)	
Desplazamiento del Producto: (Metros)	

Flujo del Producto: (Empujar/Jalar)	Empujar	Jalar
Flujo de la Información: (Manual/Electrónico)	Manual	Elec.
Turnos: (Tiempo Neto Disponible (Segundos))	Neto Disponible:	
Inventario: INV Antes:	Después:	

ENNA. CAJA DE DATOS

© Enna 2007

Proceso:	**# de Operadores**
Verbo/nombre:	◯

Tiempo de Espera del Operador: OCT	
Tiempo de Espera de la Máquina: MCT	
Tiempo que Agrega Valor: VAT	
Tiempo de Cambio de Producto: C/O	
Calidad: (% de Defectos/Desperdicio)	
Productividad: (Unidades/Persona/Hora)	
Espacio Total: (Metros)	
Espacio que Agrega Valor: (Metros)	
Desplazamiento del Producto: (Metros)	
Flujo del Producto: (Empujar/Jalar)	Empujar Jalar
Flujo de la Información: (Manual/Electrónico)	Manual Elec.
Turnos: (Tiempo Neto Disponible (Segundos))	Neto Disponible:
Inventario: INV Antes:	Después:

A **Productivity Press** Product

www.enna.com
www.productivitypress.com

ENNA. CAJA DE DATOS

© Enna 2007

Proceso:		# de Operadores
Verbo/nombre:		

Tiempo de Espera del Operador: OCT	
Tiempo de Espera de la Máquina: MCT	
Tiempo que Agrega Valor: VAT	
Tiempo de Cambio de Producto: C/O	
Calidad: (% de Defectos/Desperdicio)	
Productividad: (Unidades/Persona/Hora)	
Espacio Total: (Metros)	
Espacio que Agrega Valor: (Metros)	
Desplazamiento del Producto: (Metros)	
Flujo del Producto: (Empujar/Jalar)	Empujar Jalar
Flujo de la Información: (Manual/Electrónico)	Manual Elec.
Turnos: (Tiempo Neto Disponible (Segundos))	Neto Disponible:
Inventario: INV Antes:	Después:

ENNA. CAJA DE DATOS © Enna 2007

Proceso:	# de Operadores
Verbo/nombre:	

Tiempo de Espera del Operador: OCT	
Tiempo de Espera de la Máquina: MCT	
Tiempo que Agrega Valor: VAT	
Tiempo de Cambio de Producto: C/O	
Calidad: (% de Defectos/Desperdicio)	
Productividad: (Unidades/Persona/Hora)	
Espacio Total: (Metros)	
Espacio que Agrega Valor: (Metros)	
Desplazamiento del Producto: (Metros)	
Flujo del Producto: (Empujar/Jalar)	Empujar Jalar
Flujo de la Información: (Manual/Electrónico)	Manual Elec.
Turnos: (Tiempo Neto Disponible (Segundos))	Neto Disponible:
Inventario: INV Antes:	Después:

ENNA. CAJA DE DATOS

© Enna 2007

Proceso:		# de Operadores
Verbo/nombre:		

Tiempo de Espera del Operador: OCT	
Tiempo de Espera de la Máquina: MCT	
Tiempo que Agrega Valor: VAT	
Tiempo de Cambio de Producto: C/O	
Calidad: (% de Defectos/Desperdicio)	
Productividad: (Unidades/Persona/Hora)	
Espacio Total: (Metros)	
Espacio que Agrega Valor: (Metros)	
Desplazamiento del Producto: (Metros)	
Flujo del Producto: (Empujar/Jalar)	Empujar Jalar
Flujo de la Información: (Manual/Electrónico)	Manual Elec.
Turnos: (Tiempo Neto Disponible (Segundos))	Neto Disponible:
Inventario: INV Antes:	Después:

ENNA. CAJA DE DATOS

© Enna 2007

Proceso:		# de Operadores
Verbo/nombre:		

Tiempo de Espera del Operador: OCT	
Tiempo de Espera de la Máquina: MCT	
Tiempo que Agrega Valor: VAT	
Tiempo de Cambio de Producto: C/O	
Calidad: (% de Defectos/Desperdicio)	
Productividad: (Unidades/Persona/Hora)	
Espacio Total: (Metros)	
Espacio que Agrega Valor: (Metros)	
Desplazamiento del Producto: (Metros)	
Flujo del Producto: (Empujar/Jalar)	Empujar Jalar
Flujo de la Información: (Manual/Electrónico)	Manual Elec.
Turnos: (Tiempo Neto Disponible (Segundos))	Neto Disponible:
Inventario: INV Antes:	Después:

ENNA. CAJA DE DATOS © Enna 2007

Proceso:		# de Operadores
Verbo/nombre:		

Tiempo de Espera del Operador: OCT	
Tiempo de Espera de la Máquina: MCT	
Tiempo que Agrega Valor: VAT	
Tiempo de Cambio de Producto: C/O	
Calidad: (% de Defectos/Desperdicio)	
Productividad: (Unidades/Persona/Hora)	
Espacio Total: (Metros)	
Espacio que Agrega Valor: (Metros)	
Desplazamiento del Producto: (Metros)	
Flujo del Producto: (Empujar/Jalar)	Empujar Jalar
Flujo de la Información: (Manual/Electrónico)	Manual Elec.
Turnos: (Tiempo Neto Disponible (Segundos))	Neto Disponible:
Inventario: INV Antes:	Después:

ENNA. CAJA DE DATOS © Enna 2007

Proceso:		# de Operadores
Verbo/nombre:		

Tiempo de Espera del Operador: OCT	
Tiempo de Espera de la Máquina: MCT	
Tiempo que Agrega Valor: VAT	
Tiempo de Cambio de Producto: C/O	
Calidad: (% de Defectos/Desperdicio)	
Productividad: (Unidades/Persona/Hora)	
Espacio Total: (Metros)	
Espacio que Agrega Valor: (Metros)	
Desplazamiento del Producto: (Metros)	
Flujo del Producto: (Empujar/Jalar)	Empujar Jalar
Flujo de la Información: (Manual/Electrónico)	Manual Elec.
Turnos: (Tiempo Neto Disponible (Segundos))	Neto Disponible:
Inventario: INV Antes:	Después:

ENNA. CAJA DE DATOS
© Enna 2007

Proceso:		# de Operadores
Verbo/nombre:		

Tiempo de Espera del Operador: OCT	
Tiempo de Espera de la Máquina: MCT	
Tiempo que Agrega Valor: VAT	
Tiempo de Cambio de Producto: C/O	
Calidad: (% de Defectos/Desperdicio)	
Productividad: (Unidades/Persona/Hora)	
Espacio Total: (Metros)	
Espacio que Agrega Valor: (Metros)	
Desplazamiento del Producto: (Metros)	
Flujo del Producto: (Empujar/Jalar)	Empujar Jalar
Flujo de la Información: (Manual/Electrónico)	Manual Elec.
Turnos: (Tiempo Neto Disponible (Segundos))	Neto Disponible:
Inventario: INV Antes:	Después:

ENNA CAJA DE DATOS

© Enna 2007

Proceso:		# de Operadores
Verbo/nombre:		

Tiempo de Espera del Operador: OCT		
Tiempo de Espera de la Máquina: MCT		
Tiempo que Agrega Valor: VAT		
Tiempo de Cambio de Producto: C/O		
Calidad: (% de Defectos/Desperdicio)		
Productividad: (Unidades/Persona/Hora)		
Espacio Total: (Metros)		
Espacio que Agrega Valor: (Metros)		
Desplazamiento del Producto: (Metros)		
Flujo del Producto: (Empujar/Jalar)	Empujar	Jalar
Flujo de la Información: (Manual/Electrónico)	Manual	Elec.
Turnos: (Tiempo Neto Disponible (Segundos))	Neto Disponible:	
Inventario: INV Antes:	Después:	

A **Productivity Press** Product

www.enna.com
www.productivitypress.com

ENNA. CAJA DE DATOS

© Enna 2007

Proceso:		# de Operadores
Verbo/nombre:		

Tiempo de Espera del Operador: OCT	
Tiempo de Espera de la Máquina: MCT	
Tiempo que Agrega Valor: VAT	
Tiempo de Cambio de Producto: C/O	
Calidad: (% de Defectos/Desperdicio)	
Productividad: (Unidades/Persona/Hora)	
Espacio Total: (Metros)	
Espacio que Agrega Valor: (Metros)	
Desplazamiento del Producto: (Metros)	
Flujo del Producto: (Empujar/Jalar)	Empujar Jalar
Flujo de la Información: (Manual/Electrónico)	Manual Elec.
Turnos: (Tiempo Neto Disponible (Segundos))	Neto Disponible:
Inventario: INV Antes:	Después:

ENNA. CAJA DE DATOS

© Enna 2007

Proceso:		# de Operadores
Verbo/nombre:		

Tiempo de Espera del Operador: OCT	
Tiempo de Espera de la Máquina: MCT	
Tiempo que Agrega Valor: VAT	
Tiempo de Cambio de Producto: C/O	
Calidad: (% de Defectos/Desperdicio)	
Productividad: (Unidades/Persona/Hora)	
Espacio Total: (Metros)	
Espacio que Agrega Valor: (Metros)	
Desplazamiento del Producto: (Metros)	
Flujo del Producto: (Empujar/Jalar)	Empujar Jalar
Flujo de la Información: (Manual/Electrónico)	Manual Elec.
Turnos: (Tiempo Neto Disponible (Segundos))	Neto Disponible:
Inventario: INV Antes:	Después:

A **Productivity Press** Product

ENNA. CAJA DE DATOS © Enna 2007

Proceso:		# de Operadores
Verbo/nombre:		

Tiempo de Espera del Operador: OCT	
Tiempo de Espera de la Máquina: MCT	
Tiempo que Agrega Valor: VAI	
Tiempo de Cambio de Producto: C/O	
Calidad: (% de Defectos/Desperdicio)	
Productividad: (Unidades/Persona/Hora)	
Espacio Total: (Metros)	
Espacio que Agrega Valor: (Metros)	
Desplazamiento del Producto: (Metros)	
Flujo del Producto: (Empujar/Jalar)	Empujar Jalar
Flujo de la Información: (Manual/Electrónico)	Manual Elec.
Turnos: (Tiempo Neto Disponible (Segundos))	Neto Disponible:
Inventario: INV Antes:	Después:

A **Productivity Press** Product

ENNA. CAJA DE DATOS © Enna 2007

Proceso:		# de Operadores
Verbo/nombre:		

Tiempo de Espera del Operador: OCT	
Tiempo de Espera de la Máquina: MCT	
Tiempo que Agrega Valor: VAT	
Tiempo de Cambio de Producto: C/O	
Calidad: (% de Defectos/Desperdicio)	
Productividad: (Unidades/Persona/Hora)	
Espacio Total: (Metros)	
Espacio que Agrega Valor: (Metros)	
Desplazamiento del Producto: (Metros)	
Flujo del Producto: (Empujar/Jalar)	Empujar Jalar
Flujo de la Información: (Manual/Electrónico)	Manual Elec.
Turnos: (Tiempo Neto Disponible (Segundos))	Neto Disponible:
Inventario: INV Antes:	Después:

ENNA® CAJA DE DATOS © Enna 2007

Proceso:		# de Operadores
Verbo/nombre:		

Tiempo de Espera del Operador: OCT	
Tiempo de Espera de la Máquina: MCT	
Tiempo que Agrega Valor: VAT	
Tiempo de Cambio de Producto: C/O	
Calidad: (% de Defectos/Desperdicio)	
Productividad: (Unidades/Persona/Hora)	
Espacio Total: (Metros)	
Espacio que Agrega Valor: (Metros)	
Desplazamiento del Producto: (Metros)	
Flujo del Producto: (Empujar/Jalar)	Empujar Jalar
Flujo de la Información: (Manual/Electrónico)	Manual Elec.
Turnos: (Tiempo Neto Disponible (Segundos))	Neto Disponible:
Inventario: INV Antes:	Después:

ENNA. CAJA DE DATOS

© Enna 2007

Proceso:		# de Operadores
Verbo/nombre:		

Tiempo de Espera del Operador: OCT	
Tiempo de Espera de la Máquina: MCT	
Tiempo que Agrega Valor: VAT	
Tiempo de Cambio de Producto: C/O	
Calidad: (% de Defectos/Desperdicio)	
Productividad: (Unidades/Persona/Hora)	
Espacio Total: (Metros)	
Espacio que Agrega Valor: (Metros)	
Desplazamiento del Producto: (Metros)	
Flujo del Producto: (Empujar/Jalar)	Empujar Jalar
Flujo de la Información: (Manual/Electrónico)	Manual Elec.
Turnos: (Tiempo Neto Disponible (Segundos))	Neto Disponible:
Inventario: INV Antes:	Después: